AF602888

1905 - Mars - 28

VENTE DU MARDI 28 MARS 1905

Hôtel Drouot, Salle N° 8

(PREMIÈRE PARTIE)

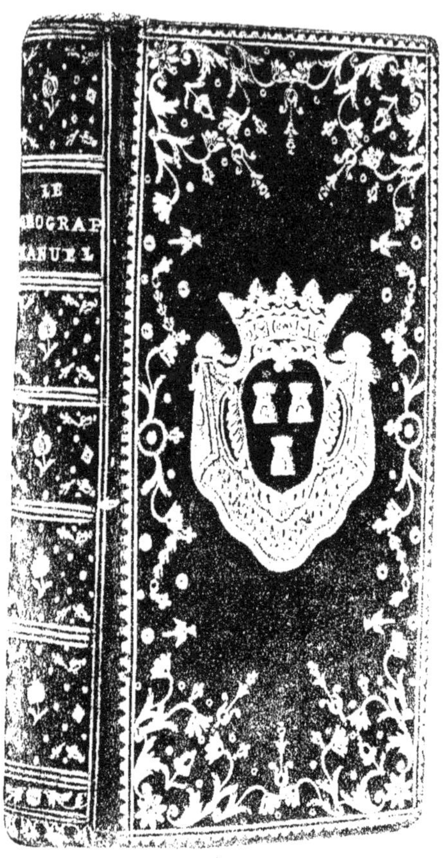

N° [illegible] du Catal[illegible]

Livres Anciens

et Modernes

PARIS

1905

Prochainement en distribution :

CATALOGUES ILLUSTRES

de la

COLLECTION

de feu M. le Docteur BAUDON

ESTAMPES

et BIBELOTS

de la

Révolution Française

dont les ventes auront lieu :

aux mois d'Avril et de Mai 1905

IMP. FRAZIER-SOYE, 153-157, RUE MONTMARTRE, PARIS

VENTE APRÈS DÉCÈS

(Première partie)

CATALOGUE

DE

LIVRES

Anciens et Modernes

PARIS
LIBRAIRIE MATHIAS & Cie
ASSISTÉS DE M. LÉOPOLD DELTEIL
4 bis, rue de Châteaudun

1905

LA VENTE AURA LIEU :

LE 28 MARS 1905, A 2 H. PRÉCISES

HOTEL DES COMMISSAIRES-PRISEURS

9, Rue Drouot

SALLE N° 8, au premier étage

Par le Ministère de Me MAURICE DELESTRE, *Commissaire-Priseur*

5, Rue Saint-Georges, 5

Assisté de MM. MATHIAS & Cie, *Libraires-experts*

4 *bis*, Rue de Châteaudun, 4 *bis*

CONDITIONS DE LA VENTE

La vente se fait au comptant.

Les acquéreurs paieront 10 p. 100 en sus du prix de l'adjudication.

Les livres vendus devront être collationnés dans les 24 heures de l'adjudication. Passé ce délai, ils ne seront repris pour aucune cause.

MM. MATHIAS & Cie se réservent la faculté de réunir ou de diviser les numéros du Catalogue. — **Ils rempliront les commissions qu'on voudra bien leur confier.**

On pourra examiner les livres à la Librairie MATHIAS & Cie.

DESIGNATION

---

1. **Adam (Mᵉ)**. Les Chevilles de Mᵉ Adam, Menuisier de Nevers. *Paris, T. Quinet*, 1644, *port.* (*Edition originale*) — **Dassoucy**. L'Ovide en belle humeur de M. Dassoucy, enrichy de toutes ses figures burlesques. Seconde édition. *Paris, G. de Luynes*, 1653, *front. et figures.* — Ens. 2 vol. in-4, veau anc.

On y a joint : Œuvres de Maistre Adam Billaut, menuisier de Nevers *Paris*, 1806, in-8, *port.*, veau anc.

2. **Alboize** et **Elie**. Fastes des Gardes Nationales de France, *Paris*, 1849, gr. in-8, *planches*, demi rel. chag. vert avec coins, dos orné.

3. **Almanach des Modes**. Première année. *Paris, Rosa*, 1814, in-12, *fig.*, demi-rel. chag. bleu avec coins, dos orné, tête dor., *non rogné*.

1ʳᵉ année, ornée de 6 figures de Modes *coloriées*, gravées par *Blanchard fils* — Ex. sans le titre gravé.

On a joint : *La Fizelière* (A de) Histoire de la crinoline au temps passé. *Paris*, 1859, in-16, broché, couv. ill.

4. **Almanach littéraire** ou Etrennes d'Apollon. Année 1777 (— 1792). *Athènes et Paris* 1777-1792. 16 vol. in-12, *front.*, demi-rel. veau, dos ornés (*Rel anc.*).

Collection rare à rencontrer aussi complète.

5. **Almanach Royal,** année bissextile M. DCC. LXXXVIII. *Paris*, 1788, in-8, mar. rouge, dos orné, fil., tr. dor. (*Rel. anc.*).

Exemplaire remboîté — Reliure aux armes du **Prince de Condé.**

6. **Almanachs chantants**. Réunion de 6 vol. in-32, brochés et couv. étoffes.

Apollon et les Muses, par M. Br... de Belleroche. *Cythère et Paris*, 1791 — La Cour de Vénus. *Paris* 1824, *front. colorié*. — Les Doux ébats de la Beauté. *Lille*, 1833, *front. col.* — Eloge de l'amour et du vin, ou la double ivresse· *Paris*, *s. d.*, *front. col.* — Etrennes comiques des estaminets, *Bruxelles*, 1829, *front.* — Les Mystères d'Isis. *Paris*, *s. d.*, *front. col.*

7. **Almanachs**, 10 volumes.

Etrennes lyriques, anacréontiques, pour l'année 1781 (et 1784). Ens. 2 vol. petit in-12, *front.*, veau anc. — Almanach des Grâces, Etrennes érotiques-chantantes pour l'année 1792 ; petit in-12, *front.*, mar. vert, dos orné, fil., tr. dor. (*Rel. anc.*). — Almanach des Dames pour l'an X, 1801-1802. *Tubingue et Paris*, in-18, *fig.*, cart. ill., tr. dor. ; étui — Almanach des Grâces ou les Hommages à la beauté. 1re année. *Paris*, 1804, in-18, *front.*, cart., *non rogné* — Les Métamorphoses de l'amour. Chansonnier. *Paris*. 1818. in-18, *fig.*, veau anc. — Almanach dédié aux demoiselle. *Paris*, 1815, in-18, fig., cart. anc. — etc.

8. **Amour, femmes, mariage** (Dissertations, Romans, Facéties, etc.). 7 volumes.

Tableau de l'amour considéré dans l'état du mariage (par Venette). *Paris*, *F. Gaillard*, *s. d.*, in-12, *port. ajouté* — — De l'homme et de la femme considérés physiquement dans l'état du mariage. Par M. de L***, *Lille*, 1777, 2 vol. in-12, *planches* — L'Art de faire des garçons ou Nouveau Tableau de l'amour conjugal. Par M***. *Londres*, 1779, in-12 — L'Art de procréer les sexes à volonté, ou système complet de génération, par J.- A. Millot. *Paris*, 1800, in-8, *fig.* — La Nymphomanie ou Traité de la fureur utérine, par de Bienville. *Londres*, 1789, in-18 — Vénus physique (par Moreau de Maupertuis) *S. l.*, 1777, in-12.

9. — 10 volumes.

Mémoires de Cécile, écrits par elle-même (par Mlle Guichard), revus par M. de la Place. *Paris*, 1762, *port.* — *Riccoboni* (Mme) Histoire de Miss Jenny. *Paris* 1764, 2 vol. — Les Malheurs de l'Amour. *Amsterdam et Paris*, 1766, 2 parties en 1 vol. — *Mouhy* (Chr de). La Paysanne parvenue, ou les Mémoires de Mme la Mlle de L. V. *Amsterdam*, 1768, 2 vol. — Jeannette seconde, ou la Nouvelle Paysanne parvenue, par M. G*** de la Bataille. *Amsterdam*, 1757, 3 parties en 1 vol. — Jezennemours, roman-dramatique (par

L. S. Mercier). *Amsterdam*, 1776, 2 t. en 1 vol. — *Choderlos de Laclos*. Les Liaisons dangereuses. *Paris*, 1822, 2 vol., *front*.

10. — 4 volumes.

Le Diable babillard ou indiscret (par de Campan). *Cologne, P. Marteau*, 1711 — Vie de M. l'abbé de Choisy. *Lauzanne et Genève*, 1742 — La Vie de Pierre Aretin, par M. de Boispreaux, *La Haye*, 1750 — Causes amusantes et connues (recueillies par Robert Etienne, avocat). *Paris*, 1769, *fig*.

11. — 6 vol. in-8 et in-12, reliés.

La Serre. Les Amours des Déesses. *Paris*, 1626, *fig*. — Les Amours de Henri IV, avec ses lettres galantes et les réponses de ses maitresses. *Cologne*, 1695, *fig*. — Intrigues galantes de la Cour de France. Nouv. édit. augm. (Par Vanel). *Cologne, P. Marteau*, 1695, 2 t. en 1 vol., *front*. — Mémoires hist. ou anecdote galante et secrète de la Duchesse de Bar, sœur de Henry IV. (Par Charlotte-Rose de Caumont de la Force). *Amsterdam*, 1713 — , etc.

12. — 12 volumes.

La Comtesse de Chateaubriant, ou les effets de la jalousie (par P. de Lesconvel). *Sur l'imprimé à Paris, à Amsterdam*, 1695, *front*. — La Beauté triomphante ou les Caprices de la Fortune. Histoire galante. *S. l.*, 1740 — Mémoires de la Marquise de Frêne (Par Gratien de Courtilz). *Amterdam*, 1701, *fig*. — Les Illustres françoises, histoires véritables (Par Rob. Challes), *La Haye*, 1715, 2 vol. — La Saxe galante (par le Bon de Poellnitz). *Amsterdam*, 1734, 2 vol. — Mémoires de Mlle de Mainville ou le Feint Chevalier, par le Marquis d'Argens. *Amsterdam*, 1750, 2 parties en 1 vol. — Mémoires de Mme la B^nne^ de Batteville, ou la veuve parfaite, par Mme le Prince de Beaumont, *Lyon*, 1766 — L'Homme tel qu'il est ou Mémoires du Cte de P***, écrits par lui-même et trad. de l'allemand (de J.-G.-B. Pfeil), par Mlle de Morville. *Amsterdam et Paris*, 1771, 2 vol. — etc.

13. — 7 volumes.

Les Amours du bon vieux tems (ou Aucassin et Nicolette). *Vaucluse et Paris*, 1756, in-8, *vignette au titre* — Angola, histoire indienne (par le Ch^r^ de la Morlière). *A Agra*, 1751, 2 vol. in-18, *fig*. — Le Grelot ou les etc., etc. (par Baret), *Londres*, 1781, in-16, *front*.. — Le Cousin de Mahomet (par Fromaget). *Constantinople, s. d.*, 2 t. en 1 vol. in-16, *fig*. — *Diderot*. Les Bijoux indiscrets. *Au Minomopotapa, s. d.*, 2 vol. in-12, 7 *fig*.

14. — 5 ouvrages.

Les Funestes effets de l'amoûr et les désordres de cette passion. *Brusselle*, 1718, 2 t. en 1 vol. in-8, mar. rouge, fil., tr. peig. (*Rel. anc. armoriée ; remboitage*).

Les Quinze joyes de Mariage, ouvrage très ancien (mis en lumière par Fr. de Rosset), auquel on a joint le Blason des fausses amours, etc., le tout enrichi de remarques (par Le Duchat) *La Haye*, 1734, in-12, veau fauve, dos orné, fil., tr. rouges (*Rel. anc.*).

L'Art de rendre les femmes fidelles *Genève et Paris*, 1783, 2 t. en 1 vol. in-12. veau anc.

Les Femmes comme il convient de les voir (par Mme de Coicy). *Londres et Paris*, 1785, 2 t. en 1 vol. in-12, demi rel., *fig. ajoutées*.

De l'Egalité des Sexes. Discours physique et moral, où l'on voit l'importance de se défaire des préjugez (par Poullain de la Barre et Frélin). *Paris*, 1673, in-12, veau (*rare*).

15. — 14 volumes reliés.

Dulaurens. Le Compère Mathieu, ou les Bigarures de l'esprit humain. *Paris*, 1796, 3 vol., *fig.* — *Dulaurens*. La Chandelle d'Arras. *Paris*, 1833, *fig.*, broché, *couv. imp.* *Dumaniant*. Les Amours et Aventures d'un Emigré. *Paris*, 1797, 2 t. en 1 vol., *front.* — *Dusausoir*. Lettres amoureuses d'Emilie et de Sainval. *Paris*, 1802, *front.* — *Guénard* (Mme). Irma ou les Malheurs d'une jeune Orpheline. *Paris*, an 8, 6 tomes en 2 vol., *fig.* — *Pigault-Lebrun*. Angélique et Jeanneton de la Place Maubert. *Paris*, an 7, 2 vol., *front.* — *Pigault-Lebrun*. Le Citateur. *Paris*, 1810, 2 vol. — *Saremain* (Mme). Melchior ardent ou les Aventures plaisantes d'un incroyable. *Paris*, *s. d.*, *front.* — Hist. d'un poignard français ; anecdote de la Révolution. *Paris*, 1803, 2 t. en 1 vol.

16. — 6 volumes brochés et reliés.

Nougaret. Les jolis péchés d'une marchande de modes, ou ainsi va le monde. *Paris*, *Hedde*, 1801, in-18, *front.*, — Le Censeur ou voyage sentimental au tour du Palais-Royal. (Par Jos. Rosny). *Paris*, 1802, in-18. — *Ponet* (Louis). Fanchon, ou la Vielleuse du Boulevard du Temple, *Paris*, 1803, in-18, *front.* — *Cuisin*. Les Nymphes du Palais-Royal. *Paris*, 1816, in-16, *front.* — Les Confessions délicates des Véritables Nymphes du Palais-Royal, écrites par elles-mêmes. *Paris*, *Terry*, 1820, in-18, *front.*, — *Cuisin*. Les Fastes, ruses et intrigues de la galanterie, *Paris*, *Terry*, 1834, in-18.

17. — Réunion d'ouvrages publiés à Paris, chez Tiger. 6 vol. in-18, demi rel.

Aventures divertissantes du duc de Roquelaure — Bras-de-Fer, la terreur des Espagnols, IIe chef des flibustiers, aventuriers et boucaniers d'Amérique. Par M. A***. *Figure* — Les Femmes démasquées, ou le vrai remède d'amour. Par l'ami du vrai. *Figure.* — La Fille à l'enchère, ou la blonde brune, épouse et maîtresse. *Figure.* — Le Malin des Malins, ou Recueil choisi de tours de finesse, d'adresse, etc. *Figure* — *Vadé.* Œuvres choisies de Vadé et de ses imitateurs.

18. **Les Amours** de Théagènes et de Chariclée. Histoire éthiopique (attribué à l'abbé de Fontenu). *Paris, Coustelier,* 1743, 2 vol. in-12, *fig.*, veau marb., dos ornés, fil., tr. dor. (*Rel. anc.*).

Frontispice, fleuron, 10 vignettes en têtes et 10 figures.
On y a joint : Les Amours d'Ismène et d'Ismenias. La Haye, 1743, petit in-12, *fig.*, demi-rel. veau fauve.
Titre-front., fleuron et 3 figures dans le genre d'Eisen.

19. **Amours** des Dames Illustres de notre siècle. *Cologne, Jean Le Blanc,* 1680, in-12, mar. citron, dos orné, fil., dent. int., tr. dor. (*Cuzin*).

Recueil contenant « *Les Amours de Mme La Vallière* », « *La Déroute et l'adieu des filles de joie* », etc. *1re édition.*
Bel ex. aux armes du *Comte J. de* **Lagondie**.
Haut. 121 millimètres.

20. **Les Amusemens** de la princesse Atilde. *Paris, Omont,* 1697, 2 vol. in-12, demi rel. mar. bl. avec coins, tr. dor. (*Petit*)

Roman historique.

21. **Amusette** des Grasses et des Maigres, contenant douze douzaines de Calembourgs... rédigée par une Société de Caillètes. *Au Cap de Bonne-Espérance et à Paris, s. d.*, petit in-12, *fig.*, demi chag. rouge.

Titre gravé avec vignette et joli frontispice dans le genre de *Desrais.*

22. **Ana.** Réunion de 103 volumes.

Réunion importante et peu commune : Menagiana, 1694, *front.* — Perroniana et Thuana, 1694, *front.* — Scaligerana, 1695, *front.* — Furetieriana, 1696, *front.* — Chevræana, 1697. — Naudæana et Patiniana, 1703 *front.* — Arlequiniana, 1708, *front.* — Vasconiana, 1710. — Saint-Evremoniana, 1710, *front.* — Menagiana, 1715, 4 vol. — Poggiana, 1720, *port.* — Ducatiana, 1738, 2 vol., *front.* — Sevigniana, 1787. — Bonapartiana, 1801, *port.* — L'Esprit des Ana, par Grasset St-Sauveur, 1801, *port.* — Fredericana, an IX, *port.* — Voltariana, an IX, *port.* — Molierana, 1801, *port.* — Feminæana, 1801, *fig.* — Henriana, 1801, *port.* — Fontainiana, 1801, *port.* — Harpagoniana, 1801, *fig.* — Scarroniana, 1801, *port.* — Ludoviciana, 1801, *port.* — Encyclopédiana, 1801, *fig. coloriée.* — Linguetiana. 1801, *port.* — Merdiana, 1803, *fig. col.* — Ivrogniana, 1804, *fig. col.* — Gasconiana, 1809, *fig. col.* — Rousseana, 1810, *port.* — Rivariolana, 1812, *port.* — Grimmiana, 1813, *port.* — Arnoldiana ou Sophie Arnould, 1813, *port. d'après La Tour.* — Dalembertiana, 1813, *port.* — Anglaisiana, 1815, *fig. col.* — Spectriana, 1817, *fig. col.* — Genlisiana, 1820, *port.* — Parisiana, *s. d.*, *fig.* — Alexandrana (Alexandre Ier), *s. d.*, *port.* — Angotiana, *s. d.*, *fig. col.* — Badaudiana, 1817, *fig. col.* — Mulieriana, *s. d.*, *fig. col.* — Pironiana, *s. d.*, *fig.* — etc., etc.

23. **L'Art** de désopiler la rate, sive de modo C... prudentes, en prenant chaque feuillet pour se t... le d..., entremêlé de quelques bonnes choses (par A.-J. Panckoucke). Nouv. édit. revue et augmentée par J. M. F. A. L. D. C. *Venise (Caen)*, 178873 (1773), 2 parties en 1 volume in-8, demi-rel. chag., tr. peig.

Edition la plus complète.

On a joint : La Berlue (par Poinsinet de Sivry). *Londres* 1759, in-12, broché, *non rogné.* — Le Papillotage, ouvrage comique et moral. *Rotterdam*, 1767, in-12, broché, *non rogné.*

24. **B***** (Mme). Les Animaux savants, ou Exercices des Chevaux de MM. Franconi, du Cerf Coco, du Cerf Azor, de l'Eléphant Baba, des Serins hollandais, du Singe militaire, par Mme B..., née de V... l. Orné de gravures d'après les dessins de

J. D. Dugourc. *Paris, Nepveu*, 1816, petit in-4 obl., demi-rel. chag. grenat.

Titre-frontispice et 11 planches gravées, *en couleurs*. L'une de ces figures représente le *Cheval Aréonaute*. — Rare.

25. — Les Spectacles instructifs, ou les Serins hollandais, les moineaux francs du Palais-Royal, etc., par Mme B..., née de V... Orné de 8 gravures d'après les dessins de J. D. Dugourc. *Paris, Nepveu*, 1817, petit in-12, *fig.*, veau marb., dos orné, petite dent., tr. dor. (*Rel. anc.*).

8 figures gravées, *en couleurs*.

26. **Ballons. — Faujas de Saint-Fond.** Description des expériences de la Machine Aerostatique de MM. de Montgolfier et de celles auxquelles cette découverte a donné lieu. *Paris*, 1783-1784, 2 vol. in-8, *fig.*, veau raciné, dos ornés, tr. rouges (*Rel. anc*).

Orné de 14 figures gravées.

On a joint : l'Antimagnétisme, ou origine, progrès, décadence, renouvellement et réfutation du magnétisme animal (par M. Paulet) *Londres*, 1784, in-8, *front.*, demi-rel. veau, *non rogné. Frontispice avec un ballon.* — Aventures singulières d'un voyageur aérien, mise au jour par M. J***. *Londres et Paris*, 1785, 2 t. en 1 vol. in-12, demi-rel. — Lettre de M. M. de Saint-Just sur le globe aérostatique de MM. Montgolfier. *Amsterdam* et *Paris*, 1785, in-12, *figure*.

27. **Balzac.** Œuvres complètes de H. de Balzac. *Paris, Houssiaux*, 1855, 20 vol. in-8, *fig.*, demi rel. veau fauve, dos ornés.

Edition complète des Œuvres de Balzac. — 4 volumes sont à la date de 1858.

28. **Belon** (Pierre). L'Histoire de la nature des Oyseaux, avec leurs descriptions, et naïfs portraicts retirez du naturel, escrite en sept livres, par Pierre Belon, du Mans. *Paris, G. Cavellat*,

1555, in-fol., *fig. sur bois*, veau rac., dos orné, tr. rouges.

Peu commun et recherché pour les belles et nombreuses figures sur bois.

29. **Béranger. Œuvres complètes** de P. J. de Béranger. Edition unique revue par l'auteur, ornée de 104 vignettes en taille-douce, dessinées par les peintres les plus célèbres. *Paris, Perrotin*, 1834, 4 vol. in-8, *fig.*, veau fauve, dos orné, compart. de fil. et dent. dor. et à froid, fil. int., tr. dor. (*Bauzonnet*).

Bel exemplaire relié par *Bauzonnet*. Reliure fraiche.

30. **Bibliothèque Elzévirienne**. *Paris, Jannet*, 1853-1874, 34 vol. in-12, cart. toile rouge, *non rognés*.

Alcripe (d'). La Nouvelle fabrique des excellens traités de vérité, 1853. — Les Aventures de Don Juan de Vargas, 1853. — *Furetière*, Le Roman bourgeois, 1854. — Villon. Œuvres complètes, 1854. — Le Roman de Jehan de Paris, 1855. — *Agrippa d'Aubigné*. Les Aventures du baron de Faeneste, 1855. — Les Evangiles des Quenouilles, 1855. Les Caquets de l'accouchée, 1855. — Recueil de Poésies françaises des xve et xvie siècles, 1855, 9 vol. — *Bussy-Rabutin*. Histoire amoureuse des Gaules, 1856, 4 vol. — *Somaize*. Le Dictionnaire des Précieuses, 1856, 2 vol. — *Des Periers*. Œuvres françoises, 1856, 2 vol. — Les Quinze joyes de mariage, 1857. — *Agrippa d'Aubigné*. Les Tragiques, 1857. — Les Facétieuses, nuit de Straparole, 1857, 2 vol. — *Tabarin*. Œuvres complètes, 1858, 2 vol. — Chansons de Gaultier Garguille, 1858. — Les Aventures de Til Ulespiègle, 1866. — *Noël Du Fail*. Œuvres facétieuses, 1874, 2 vol.

31. **Bibliothèque Française**. *Paris, Ménard et Desenne*, 1817-1822, 25 vol. in-16, *port. et fig. de Devéria et Desenne*, demi-rel. veau.

La Fontaine. Œuvres, 8 vol. — *Racine*. Œuvres, 8 vol. — *Regnard*. Œuvres, 6 vol. — *Gresset*. Œuvres, 3 vol.
On y a joint: *Delille*. L'Imagination, poème. *Paris, Michaud*, 1811, 2 vol. in-12, *fig.* — *Demoustier*. Lettres à

Emilie sur la Mythologie. Edition ornée de 62 gravures. *Paris*, 1818, 6 t. en 3 vol. in-12, *fig.* — *Staël* (Mme de). Corinne ou l'Italie, *Paris, Ledentu*, 1819, 4 vol. in-16, *fig.* — *Boufflers*. Œuvres. *Paris*, 1823, 4 t. en 2 vol. petit in-12, *fig.* — *La Bruyère*. Les Caractères de La Bruyère, suivis des Caractères de Théophraste. *Paris, Lefèvre*, 1823, 3 vol. in-18, *port.* — *Pascal* (B.). Lettres Provinciales. *Paris, Lefèvre*, 1823, 2 vol. in-18. — *Désaugiers*. Chansons et poésies diverses. *Paris, Dufey*, 1834, 4 vol. in-18, *fig.*
Ensemble 45 volumes.

32. **Borel** (Petrus). Madame Putiphar. 2e édit., conforme pour le texte et les vignettes à l'édit. de 1839. Préface par J. Claretie. *Paris, Willem*, 1878, 2 vol. in-8. (*Tiré à 250 ex. sur hollande*) — Madame Isabelle. *Bruxelles*, 1844, petit in-12 — Ens. 3 vol. brochés, *couv. imp.*

33. **Bourgeois** (L.) *dit Boursier, sage-femme de la Reine*. Observations diverses sur la Stérilité, perte de fruict, fœcondite, accouchements et maladies des femmes et enfants, nouveaux naiz, amplement traictées et heureusement pratiquées. *Paris*, 1652, 4 parties en 1 vol. in-8, *titre-front. et port.*, vélin.

Ouvrage curieux. Portraits de Marie de Médicis et de Louis Bourgeois. — Livre recherché parce qu'il s'y trouve une curieuse relation de la naissance de Louis XIII et des autres enfants d'Henri IV.

On a joint : Le Bâtiment des receptes, traduits d'italien en françois et augm. d'une infinité de beaux secrets. *Troyes, Garnier, s. d.* — *Joubert* (L.). Erreurs populaires au fait de la Médecine et régime de Santé. *Bourdeaus*, 1578.

34. **Brumoy**. Théâtre des Grecs. Nouv. édit. enrichie de très belles gravures et augmentée. *Paris, Cussac*, 1785-1789, 13 vol. in-8, *fig.*, veau marb., dos ornés, dent., tr. dor. (*Rel. anc.*).

23 figures par *Borel, Le Barbier, Marillier, Monnet*, etc.

35. **Callot** (Jacques). Recueil de 1 portrait et 139 pièces de son Œuvre, en 1 vol. gr. in-4, demi-rel. chag. rouge, dos orné.

Beau recueil composé de :

1° *Les Misères et les mal-heurs de la Guerre*, représentés par J. Callot et mis en lumière par Israël. *A Paris*, 1633, avec *Privilège du Roy*. Suite complète de 18 pièces in-8 obl., y compris le titre.

2° *La Vie de l'Enfant prodigue*, faite par J. Callot et mis en lumière par Israël. 1635. Titre et 10 pièces.

3° *Martiryum Appostolorum*. Titre et 15 pièces.

4° *Varie figure Gobbi*, 1616. 20 pièces, dont le titre.

5° *Les Gueux ou Mendiants*. Suite complète de 25 pièces.

6° *Figures variées, bourgeoises, paysannes, soldats et gentilshommes*. 13 pièces.

7° *Les Péchés capitaux*. Suite de 7 pièces.

8° *Balli di Sfessania*. Suite complète de 24 pièces.

9° *Le Massacre des Innocents* (2e planche gravée à Nancy).

10° *Sujets divers* : 5 pièces.

Ensemble 140 pièces, bonnes épreuves anciennes.

36. **Catalogue** de la bibliothèque de M. N. Yemeniz. *Paris*, 1867, in-8, demi rel. veau fauve avec coins, dos orné, tête dor., *non rogné* (*Cuzin*).

Bel ex. avec la table des prix d'adjudications.

On a joint : Oppenheim (A). Connaissances nécessaires à un amateur d'objets d'art. *Paris, Rouveyre*, 1879, in-8, *papier vergé*, broché, *non rogné*.

37. **Champfleury**. Le Violon de Faïence. Dessins en couleurs par M. E. Renard. Eaux-fortes par M. J. Adeline. *Paris, Dentu*, 1877, in-8, *fig.*, broché, *couv. imp.*

Jolie édition, la première illustrée.

38. **Champfleury**. Histoire de la Caricature antique. — Au Moyen-Age et sous la Renaissance — Sous la Réforme et la Ligue (Louis XIII à Louis XVI) — Sous la République, l'Empire et la Restauration — Moderne — Le Musée secret de la Caricature — Histoire de l'Imagerie populaire — Histoire des Faïences patriotiques sous la Révolution. — *Paris*,

Dentu, 8 vol. in-12, *fig.*, demi rel. veau gris, *non rognés, couv. conservées (rectos).*

Collection complète — Le « *Musée secret* » est broché, couv. ill.

On a ajouté : *Wright* (Th.). Histoire de la Caricature et du Grotesque dans la littérature et dans l'art. 2e édit. ill. de 238 gravures. *Paris. Delahays*, 1875, in-8, *fig.*, demi rel. chag. rouge, dos orné, *non rogné.*

39. **Chevigné** (Cte de). Les Contes Rémois. Dessins de Meissonier. 4e édition *Paris, Lévy*, 1861, in-12, *front. et fig.*, demi rel. mar. rouge avec coins, tête dor., *non rogné* — Les Contes Rémois. Dessins de E. Meissonier. 6e édition. *Paris, Lévy*, 1864, in-12, *port. et fig.*, demi rel. chag. rouge, plats toile, tête dor., *non rogné* — Ens. 2 vol.

40. **Collection Cazin**. 14 volumes in-18, veau granité, dos ornés, fil, tr. dor. (*Rel. anc.*).

Regnier. Œuvres, 1777, 2 vol., *front.* — *Bitaubé*. Joseph, 1777, 2 vol. — *Charron*. De la Sagesse, 1777, 3 vol., *port.* — *Vadé*. Œuvres complètes, 1777, 4 vol., *port.* — *Anacréon*, Bion et Moschus, 1780, 2 vol., *front.* — *Goethe*. Passions du jeune Werther, 1792, *fig.* — *Cazotte*. Œuvres badines et morales. 1788, 7 vol., *fig.*

41. **Commines** (Ph. de). Les Mémoires de Messire Philippe de Comines, seigneur d'Argenton, contenans l'histoire des Roys Louis XI et Charles VIII, depuis l'an 1464 jusque en 1498 ; reveus, corrigez et augmentez par Denys Godefroy. *Paris, Imp. Royale*, 1649, in-fol., veau fauve, dos orné, tr. roug. (*Rel. anc.*).

Belle édition.

42. **Les Conquestes** amoureuse du Grand Alcandre dans les Pays-Bas, avec les intrigues de la Cour (par G. Sandraz de Courtilz). *A Cologne, chez P. Bernard (Hollande)*, 1684, in-12, mar. rouge, dos orné, fil., dent. int., tr. dor. (*Quinet*).

Bel ex. de la *Bibliothèque du Comte J. de Lagondie.*

43. **Danse des Morts**. Réunion de 7 volumes brochés et reliés.

Atlas zu dem Werke : Die Baseler Todtentanze in getreuen Abbildungen, etc. (Les danses des Morts de la ville de Bâle, etc ; suivie de : la Danse des morts gravée sur bois au xve siècle par H. F. Massmann). *Leipzig*, 1847, in-4. *Atlas de 81 et 27 planches.* — *Jacob* (P. L.). La Danse-Macabre. Histoire fantastique du 15e siècle. *Paris, Barba*, 1838, 2 tomes en 1 vol. in-12 — La Danse des Morts gravée d'après les tableaux à fresque qui se trouvaient sur les murs du cimetière de l'église St-Jean à Bâle. *Bâle*, 1875, petit in-12, *fig.* Texte en 3 langues — La Grande Danse Macabre des hommes et des femmes. *Paris, Baillieu*, s. d., in-4, *fig.* — Recherches sur la Danse Macabre peinte en 1425 au Cimetière des Innocents, par l'abbé V. Dufour. *Paris*, 1873, in-4, *fig. Tiré à 223 ex. sur vergé teinté.* — Les Simulachres et historiees faces de la mort, etc. Lyon, 1536. Réimpression faite à *Munich* en *1884*, in-4, *fig.* — Le Triomphe de la Mort, gravé d'après les dessins origiginaux de J. Holbein, graveur Ch. de Mechel. *Utrecht, s.d.*, petit in-8, *fig.* Texte allemand.

44. **Daumier, Cham** et **Vernier**. — **Caricatures politiques**. Réunion de 83 pièces lithographiées, en noir et *coloriées*, par **Daumier** (30) **Cham** (23), **Vernier** (20) et Divers (10), en 1 vol. in-4 obl., cart. toile.

45. — **Caricatures politiques.** Réunion de 51 pièces, lithographiées, en noir et *coloriées*, par **Daumier** (16), **Cham** (17), **Vernier** (4), Divers (14), en 1 vol. in-4 obl., cart. toile.

46. — **Caricatures politiques**. Réunion de 75 pièces, lithographiées, en noir et coloriées, par **Daumier** (39), **Cham** (17) et **Vernier** (29), en 1 vol in-4 obl., cart. toile.

47. **Delauney** (Alfred). Paris Pittoresque, historique et archéologique. Vues générales et particulières, églises, palais, hôtels, maisons et rues anciennes, dess. d'après nature et gravés à l'eau-forte par A. Delauney. 1re (2e et 3e) série. *Paris, l'auteur*,

1867, in-fol., demi rel. chag. rouge, dos orné, *non rogné*.

Album de 73 eaux-fortes originales, y compris les titres et table.

48. **Desmarets**. L'Ariane de M. des Marets, conseiller du Roy, de nouveau reveuë et augm. de plusieurs histoires par l'Autheur, et enrichie de plusieurs figures. *A Leyden, chez F. de Hegher*, 1644, in-12, *fig.*, parch. anc. à rec.

Edition rare que l'on place dans la *collection Elzévirienne* ; ornée de 1 front. et 17 figures d'après *A. Bosse*.

49. **Duclos**. Œuvres complètes de Duclos, de l'Académie Française. *Paris, Renouard*, 1806, 10 vol. in-8, *portraits*, veau raciné, dos ornés, dent., tr. dor. (*Simier*).

50. **Duruy** (V.). Histoire des Romains depuis les temps les plus reculés jusqu'à l'invasion des Barbares. Nouv. édit. enrichie d'environ 3.000 gravures et de 100 cartes ou plans. *Paris, Hachette*, 1880-1885, 7 vol. in-4, *fig.*, dem. rel. chag. brun avec coins, *ébarbés*.

51. **Du Tilliot**. Mémoires pour servir à l'histoire de la fête des Foux, qui se faisait autrefois dans plusieurs églises. *Lausanne* et *Genève*, 1751, in-12, *planches*, veau marb., dos orné, fil. (*Rel. anc.*). — **Canel** (A.). Recherches historiques sur les Fous des Rois de France et accessoirement sur l'emploi du fou en général. *Paris, Lemerre*, 1873, in-12, broché, *couv. imp.* (*Ex. sur papier de Hollande*). — Ens. 2 vol.

52. **Editions Gay, Liseux**, etc. Réunion de 9 vol. in-8 et in-12, *papiers vergés*, brochés, *couv. imp.*

Sinistrari. De la démonialité et des animaux incubes et succubes. 1876. — *Favre* (l'abbé). Histoire de Jean-l'ontpris, 1877. — *Brie* (Jehan de). Le Bon Berger, ou le vray régime et gouvernement des bergers et bergères, 1879. — Jolis péchés des Nymphes du Palais-Royal, *s. d.* — Les Nuits d'épreuves des villageoises allemandes avant le mariage, 1877, *front.* — *Argens* (Mis d'). Les Nonnes galantes ou l'amour embéguiné, 1882, *front.* — Le Triumphe de haulte et puissante Dame Vérole et le pourpoint fermant à boutons, 1874, *fig.* — etc.

53. **Editions Lemerre**. 10 vol. petit in-12, demi rel. veau et chag. avec coins, *non rognés*.

Barbey d'Aurevilly. L'Ensorcelée, 1873, *port.*; Une Vielle Maitresse, 1874, 2 vol. — *Daudet* (A.). Contes du lundi, 1882. — *Flaubert* (G.). Madame Bovary, 1874, 2 vol., *brochés*. — *Gozlan*. Aristide Froissart, 1873, *port.* — *Goncourt*. Germinie Lecerteux, 1876, *fig.* — *Longus*. Daphnis et Chloé, 1872, *front.* — *La Rochefoucauld*. Réflexions ou sentences et maximes morales, 1870, *port.*

On y a joint : 2 suites de figures à l'eau-forte de *Buhot* et *Boilvin* pour illustrer : *Une Vieille Maitresse* et *Madame Bovary*.

54. **Emblêmes.** — **Schoonhovius** (Florentius). Emblemata, partim moralia, partim étiam civilia, cum latiori eorumdem interp., accedunt et alia quædam pœmatia. *Goudæ*, 1618, petit in-4, *74 figures*, demi rel. veau. *1re édition*. — **Alciat** (A.). Omnia Andreæ Alciati. V. C. Emblemata. *Parisiis, Cl. Minœm*, 1602, in-8, *fig. sur bois*, veau anc. — Ens. 2 vol.

55. **Les Enlumineurs**, du fameux Almanach des Jésuites, intitulé la Déroute et la Confusion des Jansénistes, ou le triomphe de Molina Jesuite sur S. Augustin (par J. L. Le Maitre de Sacy) ; avec l'onguant pour la brulure ou le secret d'empescher aux Jésuites de bruler des livres (par J. Barbier d'Aucour). *Liège, J. Le Noir*, 1683, in-8, *fig.*, veau fauve, dos orné, fil., dent. int., tr. d'or.

56. **Les Etrennes de la Saint-Jean** (par le comte de Caylus et autres). Seconde édition, revue, corrigée et augmentée par les auteurs de plusieurs morceaux d'esprits. *Troyes, Ve Oudot*, 1742, in-12,

fig., demi rel. veau fauve avec coins, dos orné, tr. rouges.

On a joint : L'Ecole de Salerne en vers burlesques. *A Troyes et Paris, Ve Oudot, s. d.*, in-12, demi rel.

57. **Facéties.** 7 volumes.

Sermon pour la consolation des Cocus. *A Amboise*, 1751, in-8, demi rel. mar. citron avec coins, dos orné, tête dor., *non rogné*. — Manuel consolateur des Cocus. *A Cornopolis, s. d.*, in-12, *fig.*, demi rel., *non rogné*. — Calembourgs sur calembourgs ou Recueil de jeux de mots, facéties, etc. Par Cousin d'Avalon. *Paris*, 1829, in-16, *fig.*, demi rel. — Le Parfait Cathéchisme poissard. Edit. augm. par Milord l'Arsouille. *Paris, s. d.*, in-8, *fig.*, demi rel., *non rogné*. — Eloge de l'Ane, par un docteur de Montmartre (dom Jos. Cajot). *Paris, s. d.*, in-18, *fig.*, broché, *couv. imp.* — Le Bouffon français ou Recueil d'anecdotes. *Paris*, 1812, in-18, *front.*, d. rel., *non rogné*. — Histoire de Manneken-Pis. *Bruxelles*, 1824, in-18, *fig.*, demi rel., *non rogné*.

58. **Le Faut-Mourir** ou les excuses inutiles que l'on apporte à cette nécessité. Le tout en vers burlesques. Par Me Jacques Jacques, chanoine de l'église d'Ambrun. *Rouen, Besongne*, 1695, in-12, *front.*, parch. anc.

Poëme, en vers burlesques, sur le même sujet que la Dame macabre et qui ne manque pas d'originalité.
Ex-libris du Baron de Coriolis.

59. **La Fille** de Mme Angot. Opéra-Comique en 3 actes. Paroles de MM. Clairville, Siraudin et Koning ; Musique de Lecocq. Edit. illustrée de costumes coloriés par A. Grévin, de vignettes de F. Hadol, etc. *Paris* et *Bruxelles*, 1875, gr. in-8, *fig.*, demi rel. chag. vert avec coins, *non rogné*, *couv. conservée*.

Premier tirage.

60. **Les Galanteries**, des Rois de France (par Vanel). *A Cologne, chez Pierre Marteau, s. d.*, 3 vol. in-12, *fig.*, mar. rouge, fil., tr. dor (*Rel. anc.*).

3 titres ornés, 1 front. et 5 figures hors texte.
Bel exemplaire.

61. **Garnier** (J.-M.). Histoire de l'Imagerie Populaire et des Cartes à jouer à Chartres. *Chartres*, 1869, in-8, *fig.*, broché, *couv. imp.* — **Nisard** (Ch.). Histoire des Livres populaires ou de la Littérature du Colportage. 2ᵉ édit. augm. *Paris, Dentu*, 1864, 2 vol. in-12, *fig.*, demi-rel. chag. rouge, *non rognés* — **Boiteau** (P.). Les Cartes à jouer et la Cartomancie. *Paris, Hachette*, 1854, in-12, *fig.*, demi-rel. chag. vert., *non rogné*. — Ens. 4 vol.

62. **Gastronomie**, 6 volumes.

Brillat-Savarin. Physiologie du Gout, ou Méditation de Gastronomie transcendante. 3ᵉ édit. *Paris, Sautelet*, 1829, 2 vol. in-8, *front. de H. Monnier*. — L'Art de donner à diner, par un anc. maitre d'hôtel. *Paris, U. Canel*, 1828, in-18, *front coloriée de H. Monnier*. — *Berchoux*. La Gastronomie, Poème. 5ᵉ édit. *Paris, Michaud*, 1819, in-16, *fig.* — Le Nouveau Gargantuiana. *Paris*, 1839, in-18, *fig.* — *Périgord* (de). Nouvel Almanach des Gourmands. 1ʳᵉ année. *Paris*, 1825, in-18, *front. et carte*.

On a joint : *Berchoux*. Le Philosophe de Charenton. *Paris*, 1803, L'Art Politique, Poëme. *Paris*, 1823. — 2 vol. in-16, *fig.*

Ens. 8 volumes.

63. **Genlis** (Mᵐᵉ de). Arabesques mythologiques ou les Attributs de toutes les divinités de la Fable : en 54 planches gravées d'après les dessins de Mᵐᵉ de Genlis. *Paris, Barrois*, 1810, in-8, *fig.*, cart., *non rogné*.

Figures en noir.

64. **Gill** (A.). **L'Eclipse**. 1868-1866, 8 vol. in-fol. — **La Lune rousse**. 1877-1879, 3 vol. in-fol. — **La Petite Lune**. 1878-1849, 1 vol. in-4. — Ens. 12 volumes reliés toile.

Collections complètes.

On a joint : Le **Grelot**, 1871, 1 vol. — Le **Sifflet**. 1872, 1 vol.

65. **Gorgy**. Œuvres de Gorgy. *Paris*, An III-1792, 17 vol. in-12, *frontispices*, brochés, *couv. imp.*

Bel exemplaire.

66. **Hénault.** Nouvel abrégé chronologique de l'Histoire de France. Seconde édition, revue, corrigée, augmentée et ornée de vignettes et fleurons en taille-douce. *Paris, Prault*, 1746, in-8, *fig.*, mar. rouge, dos orné, fil., *doublé* de tabis bleu, tr. dor. (*Rel. anc.*).

Edition ornée de 16 vignettes et culs de lampe, par *Chedel, Cochin*, etc.

67. **Histoire** de Georges Castriot, surnommé Scanderberg, roi d'Albanie, contenant ses illustres faicts d'armes et memorables Victoires à l'encontre des Turcs, pour la foy de Jésus-Christ. Par Jaques De Lavardin. *Paris, G. Chaudrère*, 1576, in-4, veau anc.

Livre traduit, en grande partie, du latin de *Marino Barlet.*

Ex. aux armes de *L. A. de* **Bourbon. Comte de Toulouse**, encastrées sur les plats de la reliure.

68. **Histoire** de Pierre d'Aubusson, Grand-Maistre de Rhodes (Par le père Bonhours). *Paris, Mabre-Cramoisy*, 1676, in-4, *3 port. et vign.*, demi bas.

69. **Histoire, Mémoires.** 13 volumes.

Jornandès. De Getarum, sive Gothorum origine et rebus gestis... *Lugd-Bat.*, 1597 (*Peu commun*) — Anciens Mémoires du 14e siècle, depuis peu découverts, où l'on apprendra les avantures les plus surprenantes de la vie du fameux Bertrand Du Guesclin. Et nouvellement trad. par le Sr Le Febvre. *Douay*, 1692. — Mém. pour servir à l'histoire de France et de Bourgogne, contenant un journal de Paris sous les règnes de Charles VI et de Charles VII, etc. *Paris*, 1729 — Hist. de Louis XI, et des choses mémorables advenues sous son règne, autrement dicte, la Chronique Scandaleuse (par Jean de Troyes). *S. l.*, 1620. — Anecdotes secrètes des règnes de Charles VIII et de Louis XII. *La Haye*, 1741. — Satyre Ménippée, de la vertu du Catholicon d'Espagne et de la tenue des Etats de Paris, etc. *Ratisbonne*, 1726, 3 vol., *fig.* — Le Duc de Guise, surnommé le Balafré (par le Sr de Brye). *Paris*, 1695. — La Vie de Michel de l'Hôpital, chancelier de France (par Lévesque de Pouilly fils). *Londres et Paris*, 1764, *port.* — Mém. de

Marguerite de Valois, reine de France et de Navarre. *Liège*, 1713, *port.* — Hist. des Princes d'Orange de la Maisonde Nassau. *Amsterdam*, 1692, *port.* — L'esprit de Henri IV (par L.-L. Frault). *Paris*, *Prault* 1770, *port.*

70. — 22 volumes.

Motteville (Mme de). Mém. pour servir à l'Histoire d'Anne d'Autriche, épouse de Louis XIII. *Amsterdam*, 1750, 6 vol. (*Manque le port.*) — Galerie de l'Ancienne Cour ou Mém. anecdotes pour servir à l'histoire des Règnes de Henri IV et de Louis XIII. *S l.*, 1791, 4 vol. — Mém. du Mal de Bassompierre. *Amsterdam*, 1723, 4 vol. — Mém. de M. le Marquis de Montbrun. *Amsterdam*, 1701, *fig.* — Hist. de la vie du duc d'Epernon. Par M. Girard *Paris*, 1673. 3 vol., *port.* — Mém. d'Estat ; contenant les choses les plus remarquables arrivées sous la Régence de Marie de Médicis, et du règne de Louys XIII (par le Mal duc d'Estrée). *Paris*, 1666. — Lettres du Cal duc de Richelieu. *Paris*, 1695, *port.* — Journal de Mr le Cardinal duc de Richelieu, qu'il a fait durant le grand orage de la Cour. *S. l.*, 1649. — Testament politique du Cal duc de Richelieu. *Amsterdam*, 1691.

71. — 9 volumes.

Mém. secrets de la Cour de France, contenant les intrigues du Cabinet, pendant la Minorité de Louis XIV. (par Rustaing de St-Jory). *Amsterdam*, 1733, 3 vol. — Mém. de M. de Gourville, conseiller d'état, concernant les affaires auxquelles il a été employé par la Cour, depuis 1642 jusqu'en 1698. *Amsterdam* et *Paris*. 1732, 2 vol. — Mémoires de Mr L. C. D. R. (le comte de Rochefort), contenant ce qui s'est passé de plus particulier sous le ministère du Cal de Richelieu et du Cal de Mazarin, etc. (par Sandras de Courtilz). *La Haye*, 1691 — Mémoires de M. de B*** (de Bouy), Secrétaire de Mr L. C. D. R. (le cardinal de Richelieu). *Amsterdam*, 1711, 2. vol. — Mémoires de M. D. L. R. (de la Rochefoucault), sur les brigues à la mort de Louis XIII, les guerres de Paris et de Guyenne, etc. *Cologne* (*à la Sphère*), 1662.

72. — 22 volumes.

Hist. de la vie de Louis de Bourbon, prince de Condé (par J. de la Brune). *Cologne*, 1693, 2 t. en 1 vol. — L'Histoire des ducs de Bourgogne, par Mr de Fabert, *Cologne. P. Marteau*, 1687 — La Vie du Vte de Turenne, maréchal gal des camps et armées du Roi, par Mr du Buisson. *Cologne*, 1688, *front.* — Les Mémoires de feu Mr le duc de Guise. *Paris*, 1668 — La vie de Charles V, duc de Lorraine et de Bar, généralissime des Troupes impériales (par Jean de la Brune). *Amsterdam*, 1691, *port. et front.* — Mém. du Mis de Beauvau, pour servir à l'histoire de Charles IV, duc de Lorraine et de Bar. *Cologne, P. Marteau*, 1688 — Testament politique du Mis de Louvois. *Cologne*, 1695 — Testament politique de Messire J.-B. Colbert. *La Haye*, 1693 — L'Ombre de Charles-Quint apparue à Volcart, ou Dialogue sur les affaires du tems. *Cologne*, 1688 - Hist. du Ministère du C[al] Jules Mazarin, décrite par le Cte Galeazzo Gualdo. *Amsterdam*, 1671 — Mém. du C[al] de Retz. *Genève*, 1751, 4 vol. — Mém. de Guy Joli, suivis d'un mémoire concernant le C[al] de Retz, et Mém. de Mme la D[ne] de Nemours. *Genève*, 1777, 2 vol. — Mém. de la vie de Mlle de Lenclos, par M. B. *Amsterdam*, 1763, *port.* — La Vie ou Histoire du Prince Eugène de Savoye, *Amsterdam*, 1703, *port.* — Annales de la Cour et de Paris, pour les années 1697 et 1698 (par Sandraz de Courtilz). *Cologne, P. Marteau*, 1701, 2 vol. — etc.

73. — 20 volumes.

Mém. de la Régence de S. A. R. M[r] le duc d'Orléans pendant la minorité de Louis XV (par le Ch[er] de Piossens), *La Haye*, 1737, 3 vol., *fig.* — La Vie de Philippe d'Orléans, régent du Royaume pendant la minorité de Louis XV. Par Mr L. M. D. M. (La Mothe, dit de la Hode). *Londres*, 1737, 2 vol. - Galerie de l'ancienne Cour ou Mémoires anecdotes pour servir à l'Histoire des règnes de Louis XIV et de Louis XV. *S. l.*, 1786, 3 vol. — Les Fastes de Louis XV, de ses ministres, maîtresses, généraux et autres notables personnages de son règne (par Bouffonidor). *Villefranche*, 1782, 2 vol. — Mém. hist., critiques et anecdotes des reines et régentes de France (Par Dreux de Radier). *Amsterdam*, 1776, 6 vol. — Hist. de Maurice comte de Saxe (Par L.-B. Néel). *A Millaw*, 1752, 2 vol., *port. et fig.* — Mém. du M[al] de Berwick, écrits par lui-même. *Paris*, 1778, 2 vol.

74. **Hugo** (V.). Notre-Dame de Paris. *Paris, Furne*, 1840, 2 vol. in-8, *fig.*, demi rel. chag. vert, dos ornés, *non rognés.* — Chez Victor Hugo, par un passant. Avec 12 eaux-fortes par M. Lalanne, *Paris*, 1864, in-8, *fig.*, demi rel. — Ens. 3 vol.

75. **Humboldt.** Voyage aux Régions équinoxales, ou Nouveau Continent, fait en 1799 (—1804) *Paris*, 1816 — 1823, 13 tomes en 12 vol. *(Ex. sans l'atlas)* — Vue des Cordillières et monumens des peuples

indigènes de l'Amérique. Avec 19 planches. *Paris, s. d.*, 2 vol. — En 14 vol. in-8, demi rel. veau fauve.

76. **Imbert**. Le Jugement de Pâris, poème en IV chants, suivis d'Œuvres mêlées. Nouv. édit. corrigée et augm. *Amsterdam* (*Paris*), 1774, in-8, *fig. de Moreau et Choffard*, veau granité, dos orné, fil. (*Rel. anc.*). — **Imbert**. Historiettes et nouvelles en vers. *Amsterdam* (*Paris*), 1774, in-8, *fig. de Moreau*, veau marb., dos orné (*Rel. anc.*) — Ens. 2 vol.

Le 2e ouvrage renferme également : *Mercier*. Epitre d'Héloïse à Abailard, imitée de Pope. *Amsterdam et Paris*. 1774, *fig. de Marillier* — La Boucle de cheveux enlevée. Poème héroï-comique de Pope. Traduction par M. Mercier; etc.

77. **Impressions populaires** — Histoire de Huon de Bordeaux, pair de France, duc de Guienne. *Lille, Vanackère*, 1821, 2 vol. — Conquêtes du Grand Charlemagne, roi de France. *Montbéliard, Deckherr, s. d.* — Les quatre fils Aymon. *Montbéliard, imp. de Deckherr, s. d.* — Ens. 4 vol. in-8 carré, *fig.*, brochés.

On a joint 10 livres populaires, romans, contes, cantiques, etc., imprimées à *Troyes, Lille, Beauvais*, etc., brochés et reliés.
Emsemble 14 volumes.

78. **La Fontaine. Fables choisies**, mises en vers par J. de La Fontaine. Nouv. édit. gravée en taille-douce. Les figures par le Sr Fessard, le texte par le Sr Montulay ; dédiées aux Enfans de France. *à Paris, chez l'auteur*, 1765-1775, 6 vol. in-8, *fig.*, veau écaille, dos ornés, fil., tr. dor. (*Rel. anc.*).

Très belle édition entièrement gravée. Bel exemplaire du *Premier tirage*.

79. **La Fontaine**. Les Amours de Psyché et de Cupidon, avec le poème d'Adonis. Edition ornée de figures dess. par Moreau le jeune et gravées sous sa direction. *Paris, Saugrain et Didot,* 2 vol. in-12, *port. et fig.*, demi rel. chag. bleu avec coins, dos ornés, têtes dor., *non rognés*.

Jolie édition ornée de 1 portrait gravé par *Delvaux* et de 8 figures de *Moreau*, gravées par *Delvaux*. — *Papier vélin*.

80. **Lefeuve**. Les Anciennes Maisons de Paris. Histoire de Paris, rue par rue, maison par maison. *Paris et Leipzig*, 1875, 5 vol. in-8, brochés, *couv. imp.*

81. **Legouvé** (E.). La Mort de Henri Quatre, roi de France, tragédie en 5 actes et en vers. *Paris, Renouard*, 1806, in-8, *port. par St-Aubin*, mar. rouge à long grain, dos orné, dent., doublé de tabis bleu, tr. dor. (*Rel. de l'époque*).

82. **Leroux** (P. J.). Dictionnaire comique, satyrique, critique, burlesque, libre et proverbial. *Pampelune*, 1786, 2 vol. in-8, veau granité, dos ornés, fil. (*Rel. anc.*). — **Canel** (A.). Recherches sur les Jeux d'esprit, les singularités et les bizarreries littéraires, principalement en France. *Evreux*, 1867, 2 vol. in-8, brochés, *couv. imp.* — Ens. 4 vol.

83. **Le Sage**. Suite de 1 portrait et 32 figures de *Marillier* pour illustrer les Œuvres choisies de le Sage, *Amsterdam (Paris)*, 1783 : in-8, demi-rel. chag. vert.

84. **Littérature, Poésie**. 14 volumes in-12 et in-8, reliés.

Ovide. Les Métamorphoses, traduittes en prose françoise. Avec 15 discours contenant l'explication morale des fables, etc. *Paris*, 1621, *fig.* — *Ovide*. Les Métamorphoses mises en vers françois, par T. Corneille. *Paris*, 1697,

2 vol., *fig.* — L'Art d'aimer. Nouveau poème en six chants par M****. *Londres*, 1763, *fig.* — *Apulée*. Les Métamorphoses ou l'âne d'or. Avec le démon de Socrate. *Paris*, 1707, 2 vol., *fig.* — Philipiques de Démosthène, avec remarques. *Paris et Anvers*, 1707. — *Galland*. Les Contes et Fables indiennes de Bidpaï et de Lokman. *Paris*, 1724, 2 vol., *fig.*

85. — 6 volumes reliés.

La Bruyère. Les Caractères de Théophraste, trad. du grec : avec les Caractères ou les Mœurs de ce siècle. 6e édit. *Paris*, 1691. — *Le Sage*. Le Diable boiteux, Nouv. édit. corrigée, refondue et ornée de figures. *Amsterdam*, 1739, 2 t. en 1 vol., *fig.* — La Vie de Don Alphonse Blas, fils de Gil Blas de Santillane. *Amsterdam*, 1754, *fig.* — *Pascal*. Pensées de M. Pascal sur la Religion et quelques autres autres sujets. *Paris*, 1715. — Nouveau Recueil des divers Rondeaux (publié par l'abbé Cottin). *Paris, Courbé*, 1650, 2 parties en 1 vol., *front.* (*Ex. remboîté dans une reliure anc. en maroquin Le dernier ff. de la table est manuscrit*). — *Le Fèvre*. Les Vies des poëtes grecs en abrégé. *Paris*, 1680, *front.*

86. — 13 volumes reliés.

Corneille (Th.). Poëmes dramatiques. *Paris*, 1738, 5 vol. — *Cyrano de Bergerac*. Les Œuvres diverses, avec son Pédant joué. *Rouen, Besongne*, 1678, 2 parties en 1 vol. — *Deshoulières* (Mme et Mlle). Poésies. Nouv. édit. augm. *Paris*, 1724, 2 vol., *port.* — *La Fontaine*. Contes et Nouvelles en vers. *Amsterdam*, 1726, 2 t. en 1 vol., *fig.* — *La Sablière*. Madrigaux. *Paris*, 1758. — *Regnier*. Les Œuvres de Mr Regnier, contenant des satyres et autres pièces de poésie. *Amsterdam, Est. Roger*, *s. d.*, *front.* — *Erasme*. L'Eloge de la Folie. Trad. par M. Gueudeville. *Leide*, 1713, *fig.* — Recueil de Poésies diverses (par le P. du Cerceau). *Amsterdam*, 1715, *front.* (*1re édition*).

87. — 9 volumes reliés.

Piron. Œuvres complètes, publiées par M. Rigoley de Juvigny. *Paris*, 1776, 7 vol. (*Bel ex.*) — *Gresset*. Les Œuvres de Mr Gresset. *Genève*, 1743, 2 parties en 1 vol., *front.* — *Voltaire*. Le Huron ou l'Ingénu. 2e édit. *Lausanne*, 1767.

88. — 6 volumes.

Cervantès. Histoire de l'admirable Don Quichotte de la Manche, trad. par Filleau de St Martin, etc., et ornée de 10 sujets dess. par Charlet. *Paris, Martin*, 1830, 5 vol.

in-8, *fig.*, demi-rel. de l'époque, têtes dor., *non rognés.* (Ex. sur pap. vélin, figures sur pap. de chine) — **La Rochefoucauld.** Réflexions ou Sentences et Maximes morales. Edit. publiée par L. Aimé-Martin. *Paris, Lefèvre*, 1822, in-8, *port.*, demi-rel. chag. rouge avec coins, tête dor., *non rogné. Portrait gravé par Choffard, ajouté.*

89. — 8 volumes.

Chénier (A. et M.-J.). Œuvres anciennes. Œuvres posthumes. *Paris, Guillaume*, 1826-1827. Ens. 7 vol. in-8, *fig.*, demi-rel. — **Delille.** Les Jardins ou l'art d'embellir les Paysages. Poème. *Paris*, 1782, in-8, *fig. de Cochin*, veau rac., dos orné, fil. (*Rel. anc.*) — **Delille.** La Conversation, poème. *Paris*, 1802, in-8, *3 fig.*, demi-rel. — **Anacréon.** Odes d'Anacréon, traduites en vers par J. B. de St Victor. *Paris*, 1810, in-8, *fig.*, bas. anc.

90. **Littérature, Editions originales :** 19 vol. in-12, reliés et brochés.

Baudelaire. Les Fleurs du Mal. 5ᵉ édit. 1876, *port.*, *non rogné.* — *Champfleury.* Le Réalisme, 1857, *non rogné*; Les Bourgeois de Molinchart. Nouv. édit. 18?8, *non rogné.* — *Gautier* (Th.). Les Grotesques. Nouv. édit. 1856, *non rogné.* — *Monselet* (Ch.). Statues et statuettes contemporaines, 1852, *non rogné. Envoi d'auteur*; Le Plaisir et l'Amour, 1865, *port.*; Les Oubliés et les Dédaignés. Nouv. édit. définitive, 1876, *non rogné.* — *Poë* (Edgar). Contes inédits, *s. d.*; Aventures d'Arthur Gordon Pym. Eureka. 1870; Histoires (et Nouvelles) Histoires extraordinaires, 1869, 2 vol. — Les Grands Ecrivains Français : G. Sand, Th. Gautier, St Simon, etc. 5 vol. — etc.

91. — 6 volumes brochés.

Barbey d'Aurevilly. Du Dandisme et de G. Brummel. *Paris, Poulet-Malassis*, 1861, in-18. — *Champfleury.* L'Hôtel des Commissaires-priseurs. *Paris, Dentu*, 1867, in-12. — *Delvau.* Hist. anecdotique des Barrières de Paris. Avec 10 eaux-fortes par E. Thérond. *Paris, Dentu*, 1865. — *Gautier* (Th.). Emaux et camées. Edit. définitive. *Paris, Charpentier*, 1872, *port.* — *Renan* (E.). Les Apôtres. *Paris, Lévy*, 1866, in-8 (*nom à l'encre sur le titre*). — *Richepin.* La Chanson des Gueux. Edit. définitive. *Paris, Dreyfous*, in-16, *port.*

92. **Le Livre** des quatre couleurs. *Aux Quatre-éléments, de l'imp. des Quatre-Saisons*, 4444, in-12, demi rel. chag. orange, *non rogné.*

Ouvrage imprimé en 4 couleurs.

93. **Longus**. Les Amours pastorales de Daphnis et Chloé, escrites en grec par Longus, et translatées en françois par J. Amyot. *Londres*, 1779, in-4, *fig.*, veau granité, dos orné, fil., tr. dor. (*Rel, anc.*).

Belle édition ornée d'un front. et 29 figures, y compris celle des *Petits Pieds*, reproduisant les figurss du Régent contenues dans des encadrements.

94. **Le Lys**.Chronique de la Cour. Modes, Théâtres, Littérature, Beaux-Arts. *Paris*, *Pillet*, 1830, 2 parties en 1 vol. in-8, *fig. de Modes coloriées*, cart., *non rogné*.

On a joint : *Blondel* (S.). Hist. des éventails chez tous les peuples et à toutes les époques. *Paris*, 1875, in-8, *fig.*, cart. étoffe fantaisie, tr. dor.

95. **Malherbe.** Poésies de Malherbe, rangées par ordre chronologique, avec un discours sur les obligations que la langue et la poésie françoise ont à Malherbe, et quelques remarques hist. et critiques (par Le Fèvre de Saint Marc). *Paris*, *Barbou*, 1757, in-8, *port.*, veau marb., dos orné, tr. rouges (*Rel. anc.*).

Belle et bonne édition. — Beau portrait gravé par *Fenard*. — Bel exemplaire.

96. **Mareschal.** Les Faïences anciennes et modernes, leurs marques et leurs décors. *Beauvais*, 1868. — La Faïence populaire au XVIIIe siècle. Sa forme, son emploi, sa décoration, ses couleurs et ses marques. 112 planches en couleur. *Paris et Beauvais*, 1872. — Ens. 2 vol. gr. in-8, *fig.*, cart. de l'édit., *non rogné.*

On y a joint : *Le Breton* (S.) Le Musée céramique de Rouen. 20 planches par Ch. Goutzwiller. *Rouen*, 1883, gr. in-8, *fig.*, broché, *couv. imp.* (*Ex. sur papier du Japon*). — *Pouy* (F.) Les faïences, spécialement celles d'origine picarde. *Paris*, 1873, in-8, *pl. col.* — *Lecocq*. Etude sur les faïences patriotiques au Ballon. *Paris*, 1876, in-8, *fig.*

97. **Marmontel.** Contes moraux, par Marmontel, *Londres (Paris, Cazin)*, 1780, 3 vol. in-18, *fig.*, mar. rouge, dos ornés, fil., tr. dor. *(Rel. anc.).*

Jolie édition, peu commune, ornée d'un portrait, de 3 front. et de 23 figures, réductions de celles de *Gravelot*, de l'édition de 1765.

98. **Mayeux.** Les Farces et les Bamboches populaires de Mayeux. *Paris, Chassaignon*, 1831, in-18, *fig.*, broché. — Histoire complète et véritable de M. Mayeux, suivie de son traité de paix avec le juste-milieu et ses aventures belliqueuses pendant les journées des 5 et 6 juin, racontée par lui-même. *Paris*. 1834, in-16, *fig. et titre coloriés*, demi rel. chag. rouge. — Ens. 2 vol.

99. **Mémoires de M. d'Artagnan**, capitaine-lieutenant de la 1re compagnie des Mousquetaires du Roi, contenant quantité de choses particulières et secrettes qui se sont passées sous le règne de Louis-le-Grand. *Cologne, P. Marteau*, 1701-1704, 4 tom. en 3 vol. in-12, veau raciné, dos ornés.

Exemplaire formé avec différentes éditions. Le tome Ier porte la date ci-dessus sans indication de tomaison ; le tome II porte la date de 1700 et le mot tome second a été rapporté à l'encre. — Les tomes III et IV portent la suscription : *Amsterdam, 1701*, et pour correspondre avec l'édition ci-dessus, le tome III ne commence qu'au cahier O.

On a joint : Mémoires du Sieur de Pontis. *Paris*, 1715, 2 vol. in-12, veau — Mémoires du Cher de Ravanne, page de S. A. le duc Régent, et Mousquetaire. *Liège*, 1740, 3 vol. in-12, veau. — Ens, 8 vol.

100. **Mémoires** du sieur de Pontis, officier des armées du Roy ; publiés d'après l'édit. originale par J. Servier. Avec les illustrations de G. Le Blant et A. Giraldon. *Paris, Hachette*, 1898, gr. in-8, *fig. en couleurs*, demi rel. veau avec coins, plats toile ornés fers spéc., tête dor., *ébarbé (Rel. de l'édit.)*

101. **Mémoires** historiques et anecdotes de la Cour de France, pendant la faveur de la M[ise] de Pompadour, avec 12 estampes gravées par elle, sous les yeux du roi, sur les principaux évènemens de son règne. Ouvrage conservé dans les portefeuilles de Mme la Maréchale D'*** (d'Estrées). (Publiés par J. L. Soulavie l'ainée), *Paris*, 1802, in-8, *fig.*, mar. rouge à long grain, dos orné, dent. (*Rel. anc.*)

Exemplaire remboité.

102. **Mémoires** secrets pour servir à l'histoire de Perse. Nouv. édit. revue, corrigée et augmentée. *Amsterdam*, 1746, in-12, de 8 ff. prél., 344 pp., 20 pp. de tables, et 4 ff. pour la clef., mar. rouge, dos orné, fil., tr. dor. (*Rel. anc.*)

Attribué à Pecquet et à la Beaumelle. Les " Mémoires de Perse " sont le premier ouvrage où l'on a parlé du *Masque de Fer*. Ex. avec la clef.

On a joint : Le Masque de Fer, ou avantures admirables du père et du fils (par le Ch[er] de Mouhy) *La Haye*, 1750, 2 t. en 1 vol. in-12, veau. — *Jacob* (P.-L.). Hist. de l'homme au masque de fer. *Paris*, 1840, in-12, *port.*, demi-rel., *non rogné*.

103. **Méray** (A.). La Vie au temps des Trouvères — La Vie au temps des Cours d'amour. — La Vie au temps des Libres Prècheurs, 2 vol. — **Bancel** (F. D.). Histoire des Révolutions de l'Esprit Français, de la Langue et de la littérature au Moyen-Age. — *Paris, Claudin*, 1873-1878. Ens. 5 vol. in-8, *papier vergé*, demi-rel. chag., *non rognés*.

104. **Mercier**. Tableau de Paris, *Londres* et *Amsterdam*, 1781-1788, 12 tomes en 8 vol. in-8, demi-rel. avec coins, dos ornés, tr. rouges. — **Mercier**. Mon Bonnet de nuit. *Neuchatel*, 1784-1785, 4 vol. in-8, veau raciné, dos ornés (*Rel. anc.*). — Ens. 12 vol.

105. **Le Mois,** ouvrage périodique N° 1 (— n° VII). *Paris*, an 7, 2 vol. in-8, *planches*, demi-rel. chag. rouge avec coins, dos ornés.

Précieux recueil composé de 7 numéros et orné de 14 planches gravées et **coloriées**, dont 4 de *Modes*, 3 de *Costumes et décor de théâtre*, 2 de *modèles d'échantillons d'étoffes*, 1 de *Coiffures*, 1 d'*Objets d'art*, et 3 planches représentant un *Parachute*, une Expérience de *Vol à tire-d'ailes au Jardin d'Idalie* et une expérience d'*Escalier de sauvetage d'incendie*.

Rare.

106. **Molière**. Œuvres de Molière, avec des remarques grammaticales, des avertissemens et des observations sur chaque pièce, par M. Bret. *Paris*, an 13-1804, 6 vol. in-8, *fig.*, veau marb., dos ornés, petite dent., tr. dor. (*Rel. anc.*)

Edition ornée de 1 portrait par *Cathelin*, 6 fleurons aux titres et 33 figures par *Moreau*.

107. **Molière**. Réunion de 3 volumes.

Les Intrigues de Molière et celles de sa femme ou la Fameuse Comédienne. Histoire de la Guérin. Réimpression avec préface et notes par Ch. Livet. *Paris*, *Liseux*, 1877, in-8, *port.* — Les Points obscurs de la vie de Molière, par J. Loiseleur. *Paris Liseux*, 1877, in-8, *port.* — La Troupe de Molière et les deux Corneille à Rouen en 1658, par F. Bouquet. *Paris*, *Claudin*, 1880, in-16, *figures*. — Ens. 3 vol., brochés, *couv. imp.*

Ex. en *grands papiers*. Les 2 premiers sur *grand papier de Hollande*, tirés à 200 ex. Le 3e sur *papier de chine*, tiré à 20 ex. — Portraits et figures en double et triple état.

108. — Réunion de 6 ouvrages in-16, in-12 et in-8, brochés, *couv. imp.*

Voltaire. Vie de Molière, avec des jugemens sur ses ouvrages. *Amsterdam*, 1739 — La Fameuse Comédienne ou Hist. de la Guerin, auparavent femme et veuve de Molière. Réimpression avec préface et notes par J. Bonassies. *Paris*, *Barraud*, 1870, *port. Tiré à 502 ex.* — La Vie de Mr de Molière, par J.-L. Le Gallois, sieur de Grimarest. Réimpression avec une notice par A.-P. Malassis.

Paris, Liseux, 1877, front. *de Lalauze. Papier vergé.* — Molière en Province. Etude sur sa troupe ambulante, suivie de Molière en voyage. Comédie par B. Pifteau. *Paris, Willem*, 1879, *port. et fig.* — Etudes sur Molière. Le Tartuffe par ordre de Louis XIV. Pièces inédites publiées par L. Lacour. *Paris, Claudin*, 1877, *front.* — Un bisaïeul de Molière, par E. Thoinon. *Paris, Claudin*, 1878, *front. Ex. sur hollande, front. en double état.*

109. **Montluc** (Blaise de). Commentaires de Messire Blaise de Montluc, Mareschal de France, ou sont descris les combats, etc., esquels ce grand et renommé guerrier s'est trouvé durant 50 ou 60 ans, qu'il a porté les armes ; etc. *Paris, Nic. Brion*, 1594, 2 tomes en 1 vol. in-8, parch. anc.

Bel ex. de ces curieux mémoires.

110. **Noël** et **Planche**. Ephémérides politiques, littéraires et religieuses, présentant pour chacun des jours de l'année, un tableau des évènements remarquables qui datent de ce même jour dans l'histoire de tous les siècles et de tous les pays, jusqu'au 1er janv. 1803. 2e édit., revue, corrigée et augm. *Paris*, 1803, 12 vol. in-8, veau raciné, dos ornés, tr. rouges (*Rel. anc.*)

111. **Le Nouveau Testament** de Nostre Seigneur Jésus-Christ, traduit sur l'ancienne édition latine corrigée par le commandement du pape Sixte V, et publiée par l'autorité du pape Clément VIII ; avec des notes par le R. Père D. Amelot. *Paris, Muguet*, 1666, in-8, *front. et vign.*, veau gris, dos orné, fil., dent. int., tr. dor.

Bel exemplaire, réglé.

112. **Oudegherst** (P. d'). Annales des Flandres. Enrichies de notes grammaticales, hist. et critiques, etc., par M. Lesbroussart. *Gand*, 1789, 2 vol. in-8, demi-rel.

113. **Ouvrages illustrés du XVIIIe siècle.** Réunion de 4 volumes in-8, reliés.

Bernard. L'Art d'aimer, et poésies diverses. *S. l., n. d, fig.* — *Dorat.* Lettres d'une chanoinesse de Lisbonne à Melcour; suivies de ma Philosophie, etc. 2e édit. *La Haye et Paris*, 1771. *fig.*, — *Saint-Marc.* Œuvres. 3e édit. *Paris*, 1785, 2 vol., *fig.* — *Vadé.* La Pipe cassée. Poème épitragipoissardihéroicomique *A la Liberté, s. d., vignettes.*

114. — 7 vol. in-8, veau marb., dos ornés (*Rel. anc.*).

Marmontel. Les Incas ou la destruction de l'Empire du Pérou. *Paris*, 1777, 2 vol., *fig. de Moreau.*

Tibulle. Elégies de Tibulle, suivies des Baisers de Jean Second. Trad. nouvelle par Mirabeau l'ainé. *Paris*, 1798, 3 vol., *port. et fig. de Borel et Marillier.*

Beaux exemplaires.

115. — 6 volumes.

Billardon de Sauvigny. Histoire amoureuse de Pierre le Long et de sa très-honorée dame Blanche Bazu. *Londres* (*Paris*), 1765, in-12, *front., 3 vig. et musique gravée*, cart., *non rogné.* — *Graffigny* (Mme de). Cénie, pièce en 5 actes. *Paris, Cailleau*, 1751, in-12, *fleuron et figure*, veau, dos orné, fil., tr. dor. (*Rel. anc.*) — *Voltaire.* La Pucelle d'Orléans, poème. (*Genève*), 1775, in-8, *21 figures*, veau anc. — *Butler* (Samuel) Hudibras. Poème. Trad. en vers français par J. Towneley. *Londres et Paris*, 1819, 3 vol. in-12, *fig. d'après Hogarth*, demi rel.

116. — 2 volumes.

Laborde (de). Mémoires hist. sur Raoul de Coucy. *Paris, Pierre*, 1781, 2 tomes en 1 vol. in-18, *3 port., 1 fig. et 12 pp. de musique*, mar. rouge [illegible]s orné, fil, tr. dor. (*Rel. anc.*). — *Tressan.* Histoire de [illegible]ard de Nevers et de la belle Euriant sa mie. Edition ornée de figures par Moreau le jeune. *Paris, Didot*, 1792, in-12, *fig.*, pap. vélin, veau racine, dos orné, fil., tr. dor. (*Rel. anc.*). — Ens. 2 vol.

117. — 11 vol. in-12 et in-18, *fig.*, veau anc.

Campistron. Œuvres. *Paris*, 1750, 3 vol. — *Erasme.* Eloge de la Folie. *S. l.*, 1752 — *Florian.* Galatée. *Paris, Didot*, 1784. — *Léonard.* Œuvres. *Paris, Prault*, 1787, 2 vol. — *Terence.* Publii Terentii Afri Comœdiæ sex. *Lutetiæ Parisiorum*, 1753, 2 vol. — Lettres Turques, ou de Nedim Coggia (par Poullain de St-Foix). *Amsterdam*, 1767, 2 vol.

118. **Ouvrages illustrées du XIXe siècle,** 3 vol.

Foë (D. de). Etranges aventures de Robinson Crusoé. *Paris, Bonnassies*, 1877, in-8, *8 eaux-fortes*, demi rel. veau gris, *non rogné*. (*Tiré à 954 ex. sur hollande*) — *Silvestre* (A). Le Conte de l'Archer. Aquarelles de A. Poirson. *Paris, Lahure*, 1883 in-8, *fig.*, broché, *couv. ill.* — Les Aventures romanesques d'un Comte d'Artois. *Paris, Hurtrel*, 1883, petit in-12, *fig.*, broché, *couv. ill.*

119. — 3 volumes in-8, *fig.*, demi rel.

Gautier (Th.) Le Capitaine Fracasse. Illustré de 60 dessins par G. Doré. *Paris, Charpentier*, 1866 — *Gautier fils* (Th.). Aventures de Munchhausen. Trad. nouvelle par Th. Gautier fils. Illustrées par G. Doré. *Paris, Furne, s.d.* — *Balzac*. Les Contes drolatiques. 5e édit. illustrée de 425 dessins par G. Doré. *Paris*, 1855.
Premiers tirages.

120. — 7 volumes.

Gavarni. Masques et Visages. *Paris, Paulin*, 1857, petit in-8, *fig.*, cart. percal., *non rogné*, *couv. cons.* — *Coster* (de) Légendes flamandes, ill. de 12 eaux-fortes de Dillens, de Groux, F. Rops, etc. *Paris*, 1858, in-8, *fig.*, cart. (*Ex. sans titre*) — *Champfleury*. Grandeur et décadence d'une serinette. Ill. par Desbrosses. *Paris, Blanchard*, 1857, pet. in-8, *fig.*, broché, *couv. imp.* — *d'Albanès et Fath*. Les Nains célèbres depuis l'antiquité jusques et y compris Tom Pouce. Ill. par E. de Beaumont. *Paris, Havard, s. d.*, petit in-8, *fig.*, demi-rel. — *Physiologies* du Bourgeois — du Célibataire et de la Vieille fille — du Poëte. *Paris, Aubert*, 1841, 3 vol. in-32, *fig.*, brochés, *couv. ill.*

121. — 4 volumes.

La Fontaine. Fables de La Fontaine, illustrées par J. J. Grandville. Nouvelle édit. *Paris, Fournier*, 1839, 2 vol. in-8, *fig.*, chag. vert, dos ornés, dent. sur les plats, dent. int., tr. dor. (*Rel. de l'époque*) — **Barthélemy**. Némésis. Satire hebdomadaire. 7e édit. *Paris, Perrotin*, 1850, in-8, *fig. de Raffet*, demi rel. chag. — **Saintine**. Picciolia. Edit. illustrée de 125 vignettes gravées sur bois par Porret. *Paris, Marchant*, 1843, gr. in-8, *fig.*, demi rel. chag. bleu, dos orné, tr. dor.

122. — 5 volumes gr. in-8, *fig.* demi rel.

Reybaud (L.). Jérôme Paturot à la recherche d'une position sociale. Edit. ill. par J.-J. Grandville. *Paris, Dubochet*, 1846 — **Chants** et Chansons populaires de la

France. Nouv. édit. avec airs, notes et accompagnement de piano. *Paris, Plon*, 1858 — **La Revue Comique** à l'usage des gens sérieux. Nov. 1848 à Avril 1849. *Paris, Dumineray*. — **Lurine** (Louis). Les Rues de Paris. Paris anc. et mod. Ouvrage illustré de 300 dessins. *Paris, Kugelmann*, 1844, 2 vol.

123. **Ouvrages divers.** 7 volumes.

Paris ridicule et burlesque au 17e siècle, par Claude Le Petit, Berthod, Scarron, etc. Nouv. édit. par P. L. Jacob. *Paris, Delahays*, 1859, in-12, *pap. vergé*, demi rel. chag. bleu, dos orné, tête dor., *non rogné* — *Monselet* (Ch.). Fréron ou l'illustre critique, *Paris, Pincebourde*, 1864, in-12, *port.*, *pap. vergé*, demi rel. chag. r. avec coins, *non rogné* — *Janin* (J.). Béranger et son temps. *Paris. Pincebourde*, 1866, 2 t. en 1 vol. in-12, port., *pap. vergé*, demi rel. chag. bl., dos orné — Voyage de Chapelle et de Bachaumont, publié par D. Jouaust. *Paris, Jouaust*, 1874, in-12, *pap. vergé*, demi rel. chag. bl. avec coins, tête dor., *non rogné* — Théâtre des Boulevards. Réimprimé par G. d'Heylli. *Paris, Rouveyre*, 1881, 2 vol. in-18, *front.*, *pap. vergé*, brochés, *couv. imp.* — Apologie ou les véritable Mémoires de Marie Mancini, réimprimés par G. d'Heylli. *Paris*, 1881, in-12, *port.*, broché, *couv. imp.*

124. — 6 volumes.

Dinaux (A.). Les Sociétés badines, bachiques, littéraires et chantantes, leur histoire et leurs travaux. *Paris, Bachelin-Deflorenne*, 1867, 2 vol. in-8, *port.*, demi rel. chag. grenat, *non rognés* — *Colombey* (E.). Ruelles, Salons et Cabarets. Histoire anecdotique de la littérature française. *Paris, Delahays*, 1858, in-12, broché, *couv. imp.* — *La Fizelière* (A. de). Vins à la mode et cabarets au XVIIe siècle. *Paris, Pincebourde*, 1866, in-16, *fig.*, cart., *non rogné*, *couv. conservée* — *Bonhomme* (H.) La Société galante et littéraire au XVIIIe siècle, *Paris, Rouveyre*, 1880, in-8, *fig.*, broché, *couv. ill.* (*Un des 50 ex. sur pap. Wattman, fig. en triple état*) — *Chroniques* du Palais-Royal. Origines, splendeur et décadence. Par B. Saint Marc et le Mis de Bourbonne. Illust. par Mesplès. *Paris, Belin, s. d.*, in-8, *fig.*, broché, *couv. ill.* (*papier vergé*).

125. — 7 volumes in-8, in-12 et in-16.

Histoire générale des Larrons, divisée en trois livres, par F. D. C. Lyonnois. (François de Calvi). *Lyon*, 1652, 3 parties en 1 vol. — Histoire de Schinderhannes et autres brigands, dits garroteurs ou chauffeurs qui ont désolé les deux rives du Rhin et la Belgique pendant les dernières années de la Révolution. *Paris*, 1810,2 vol., *front.* — *Grandval le père*. Le Vice puni ou Cartouche. Nouv. édit. augm. dans laquelle il y a 17 figures. *Anvers* et *Paris*, 1760, *fig.* — Hist. de Mandrin, depuis sa naissance jusqu'à sa mort. *Paris*, *Delarue*, *s. d.*, *fig.* — etc.

126. — 7 ouvrages reliés.

De la Gaieté, par le Mis Caraccioli. *Francfort* et *Paris*, 1762. — Eloge de l'Ivresse. A *Bacchopolis et à Paris*, An VI, *front.* — *Dusaulx*. De la Passion du jeu, depuis les temps anciens jusqu'à nos jours. *Paris*, 1779. — Hist. des Fripons, ouvrage nécessaire aux honnêtes gens, pour se préserver des grecs, qui sçavent corriger la fortune du Jeu (par le Ch[er] Goudar). *Amsterdam*, 1773. — L'Homme de bonne compagnie ou l'art de plaire dans la Société. *Paris*, 1805, *front.* — Dictionnaire des gens du Monde (par A. Baudouin). *Paris*, 1818, *front.* — Les Trois Manuels, ouvrage moral, écrit dans le genre d'Epictète. Edit. ornée de 4 figures par Grasset St-Sauveur. *Paris*, 1796, *fig.*

127. — 6 volumes.

Histoire complète du Procès relatif à l'assassinat du Sr Fualdès. *Paris*, 1817, 2 t. en 1 vol., *figures*. — Procès des accusés d'avril devant la cour des Pairs. *Paris*, 1835, 2 vol., *plan et port. ajoutés* — Maria Stella ou échange criminel d'une demoiselle du plus haut rang contre un garçon de la condition la plus vile. *Paris*. 1838. — *Barba* (J. N.), *anc. libraire*. Souvenirs. *Paris*, 1846, *port. de l'auteur et de Pigault-Lebrun*. — L'Homme à longue barbe. Précis sur la vie et les aventures de Chodruc Duclos. Par MM. E. et A. (Eliçagaray et Amie). *Paris*, 1829.

128. — 8 volumes.

Olivier (J.). Alphabet de l'imperfection et malices des femmes. *Rouen*, 1646. — *Bontemps* (Gérard). La Gallerie des Curieux, contenant en divers tableaux les chefs-d'œuvres des plus excellents railleurs de ce siècle. *Paris*, 1646. — Nouveaux Contes à rire et aventures plaisantes de ce temps, ou récréations françoises. *Amsterdam*, 1700, *fig.* — Histoire des Rats, pour servir à l'histoire universelle (par Bourdon de Sigrais). *A Ratopolis*, 1734, *fig.* — etc.

129. **Le Parc aux Cerfs,** ou Histoire secrette des jeunes filles qui y ont été enfermées, publiée par M. de Faverolle. *Hambourg* et *Paris*, 1809, 4 tomes en 2 vol. in-8, *fig.*, veau raciné, dos ornés. (*Rel. anc.*).

130. **Paré** (Amboise). Les Œuvres d'Amboise Paré, Conseiller et premier Chirurgien du Roy, corrigées et augmentées par luy-mesme, peu auparavant son décès. Sixiesme édition. *Paris, Nic. Buon*, 1607, in-fol., *fig. sur bois*, veau marb., dos orné *(Rel. anc.)*.

Bel exemplaire de ce Recueil estimé.

131. **Parfumerie.** 3 ouvrages.

Le Parfumeur royal, ou Traité des Parfums. *Paris, Saugrain*, 1761, in-12. — Hygiène des Dames, par M***, *Paris* 1819, in-12, *front.* — Abdeker ou l'art de conserver la Beauté (par Le Camus). *S. l.*, 1763, 4 t. en 1 vol. in-18.

132. **Paris.** Réunion de 7 volumes.

Paris en miniature, d'après les dessins d'un nouvel Argus. *Amsterdam*, 1784, in-18, broché, *non rogné*. — *Nougaret*. Tableau mouvant de Paris, ou Variétés amusantes. *Londres* et *Paris*, 1787, 3 vol. in-12, veau anc. *Jacob* (P.-L.). Promenades dans le vieux Paris. *Paris*, 1837, in-8, *fig.*, demi rel., *non rogné*. — *Challamel* (A.). Les Les Revenans de la Place de Grève. *Paris*, 1879, in-16, *fig.*, broché, *couv. imp.* — *Fournier* (Ed.). Histoire des Enseignes de Paris. *Paris*, *Dentu*, 1884, in-8, *fig.*, broché, *couv. imp.*

133. **Plutarque.** Les Vies des hommes illustres, traduites en Français, avec des remarques par A. Dacier ; avec les vies omises par Plutarque, trad. de Langlois de Th. Rowe par Fr. Bellanger. *Paris*, 1721-1734, 9 vol. in-4, *portraits*, veau fauve, dos ornés, tr. rouges. (*Rel. anc.*).

134. **Procès Fualdès.** Réunion de 5 volumes in-8, *fig.*, demi. rel.

Histoire complète du procès relatif à l'assassinat du Sr Fualdès. *Paris*, *Egmery*, 1817, *port.* — Cause Célèbre. Procès des prévenus de l'asssassinat de M. Fualdès. Le Sténographe Parisien, ou Lettres écrites de Rodez et d'Alby sur le procès des assassins de M. Fualdès. *Paris*, *Pillet*, 1817, 2 parties en 1 vol., *6 figures*. — Histoire complète du du procès de l'assassinat de M. Fualdès instruit à Alby. *Paris*, *Emery*, 1818, *4 planches*. — Mémoires de Mme Manson, explicatifs de sa conduite dans le procès de l'assassinat de M. Fualdès. *Paris, Pillet*, 1818, *port., vignettes et fac-simile.* Mémoires de M. Clémandot, en réponse à ceux de Mme Manson. *Paris, Ladvocat*, 1818.

135. **Provinces**. Réunion de 5 ouvrages in-12 et in-8. brochés et reliés.

Description nouvelle de la Cathédrale de Strasbourg et de sa fameuse tour. *Strasbourg*, 1743, *10 planches.* — *Maucomble.* Hist. abrégée des antiquités de la ville de Nismes et de ses environs. *Nismes*, 1806, *13 planches.* — *Gautier* (H.) L'Histoire de la ville de Nismes et de ses antiquités. *Paris et Nismes*, 1724, *2 planches.* — *Villette.* Histoire de l'Image miraculeuse de N.-D. de Liesse. *Laon*, 1743, *fig.* — *Canel* (A.). Armorial des villes et corporations de la Normandie. *Paris, Aubry*, 1863, *blasons. Tiré a 200 ex. sur pap. vergé.*

136. **Rabelais.** Œuvres de François Rabelais, contenant la vie de Gargantua et celle de Pantagruel, précédées d'une notice par P. L. Jacob. Illustrations par G. Doré. *Paris, Bry*, 1854, gr. in-8, *fig.*, demi rel. veau violet, dos orné.

Premier tirage. Ex. avec sa *couverture conservée.*

137. **Rabelais.** 4 volumes brochés et reliés.

Les Songes drolatiques de Pantagruel où sont contenues 120 figures de l'invention de maitre Fr. Rabelais copiées en fac-simile par J. Morel sur l'édit. de 1565. *Paris*, 1859, in-8, *fig.*, demi rel. — Supplément aux œuvres de maistre Fr. Rabelais. Les Songes drolatiques de Pantagruel. Suite de 120 figures sur bois. *Paris, Tross*, 1859, in-8, *fig.*, broché, *couv. imp.* (*Tiré à 300 ex. sur hollande*) — *Noël* (E.). Légendes françaises. Rabelais. *Paris*, 1850, in-16, demi rel., *non rogné.* — *Jacob* (P. L.). Rabelais, sa vie et ses ouvrages. *Paris*, 1859, in-18, broché, *couv. imp.*

138. **Reclus** (Elisée). Nouvelle Géographie Universelle. *Paris, Hachette*, 1878-1894, 19 vol. in-4, *fig. et cartes*, demi rel. chag. rouge, plats toile, ornés fers spéc., tr. dor. *(Rel. de l'édit.)*.

139. **Religion.** 4 ouvrages reliés.

Histoire des Ordres Religieux de l'un et de l'autre sexe ; où l'on voit le temps de leur fondation, la vie en abrégé de leurs fondateurs et les figures de leurs habits, gravez par

Ad. Schoonebeco. *Amsterdam*, 1695, *fig.* (*mouillures*). — Histoire des Flagellans, où l'on voit le bon et le mauvais usage des flagellations parmi les chrétiens. Trad. du latin de l'abbé Boileau. *Amsterdam*, 1701. — Histoire des Tromperies des Prestres et des Moines; décrite dans un voyage d'Italie, par G. d'Emiliane. *Rotterdam*, 1712, 2 t. en 1 vol., *front.* — Mémoires du comte de Vaxère ou le Faux rabin, par l'auteur des Lettres Juives. (Par Boyer d'Argens). *Amsterdam*, 1737, *port.*

140. **Reliure aux armes de Mme de Pompadour. Expilly** (l'abbé). Le Géographe Manuel. Seconde édit. considérablement augmentée. *Paris*, 1757, petit in-12, mar. vert, dos orné, dent. aux petits fers, dent. int., tr. dor. *(Rel. anc.)*.

Très jolie reliure aux armes de la *Marquise de* **Pompadour.**

Très fraîche et non restaurée.

141. — **Reliure armoriée.** — **Almanach** pour cette année M. DCC. LXXXV, supputé par Maitre Math. Laensbergh. *Liège*, 1785, in-32, veau vert, dos orné, fil., doublé de tabis rose, tr. dor. *(Rel. anc.)*.

Reliure aux armes de **Amelot du Chaillou**, accolées à celles de ?

Curieux almanach contenant une figure sur bois représentant un **Ballon aérostatique** accompagnant un article sur cette invention.

142. **Rétif de la Bretonne.** Les Nuits de Paris ou le Spectateur-Nocturne. *Londres et Paris*, 1788-1790, 15 vol. in-12, *fig.*, veau granité, têtes rouges, *non rognés.*

17 figures de *Binet.* — La fig. 15 manque ; par contre la fig. 11 est en double.

143. **Retif de la Bretonne.** Le Palais Royal. *Londres*, 1792, 3 vol. in-12, cart. anc.

Edition sans figures. — On a ajouté les 3 figures en réimpression moderne.

On a joint : *Monselet.* Rétif de la Bretonne, sa vie et ses amours, etc. *Paris*, 1854, in-12, *port. et fac-simile*, veau granité, tête rouge, *non rogné.* (*Tiré à 400 ex. sur pap. vergé).*

144. **Rétif de la Bretonne**. La Vie de mon Père. *Neufchatel et Paris*, 1779, 2 tomes en 1 vol. in-12, *fig.*, demi rel. veau avec coins, dos orné, tr. rouges. (*Rel. anc.*).

Première édition. Orné de 14 gravures, et de 2 petits portraits en médaillon sur les titres, représentant le père et la mère de Rétif.

145. **Richardson.** Clarisse Harlowe. Traduction nouvelle et seule complète, par M. Le Tourneur; faite sur l'édition originale revue par Richardson et ornée de figures du célèbre Chodowieski. *Genève et Paris*, 1785-1786, 10 vol. in-8, *fig.*, veau marb., dos ornés, tr. rouges (*Rel. anc.*).

1 portrait et 21 figures de *Chodowieski*.

146. **Robert** *(du Var)*. Histoire de la Classe ouvrière, depuis l'esclave jusqu'au prolétariat de nos jours. *Paris*, 1845, 4 tomes en 2 vol. gr. in-8, *fig. sur acier*, demi rel. chag. noir, *non rognés*.

147. **Saint Lambert.** Les Saisons, poème. Septième édition. *Amsterdam (Paris)*, 1775, in-8, *fig.*, veau écaille, dos orné, fil., tr. dor. *(Rel. anc.)*.

7 belles figures par *Moreau*, 1 fleuron sur le titre et 4 vignettes par *Choffard*.

148. **Saint-Pierre** (B. de) **Paul et Virginie,** par J.-B.-H. de Saint-Pierre. Avec figures. *Paris, de l'imp. de Monsieur*, 1789, petit in-12, *fig.*, demi rel. mar. bleu avec coins, dos orné, tête dor., *non rogné*.

Édition originale, ornée de 4 jolies figures par *Moreau* et *Vernet*.

Bel ex. sur **papier velin d'Essone**.

149. **Saint-Simon.** Mémoires complets et authentiques du duc de Saint-Simon sur le règne de Louis XIV et la Régence, collationnés sur le ms. original par M. Chéruel, et précédés d'une notice par Ste-Beuve. *Paris, Hachette*, 1856-1858, 20 vol. in-8, demi rel. veau brun, tr. jasp.

150. **Scatologie.** 9 volumes.

Oratio pro crépitu ventris habita ad patres crepitantes ab Em. Martino. *Cosmopoli*, 1768. — *Mercier de Compiègne*. Eloge du Pet. *Paris*, An VII, *front.* — L'Art de péter. Essai théori-physique et méthodique. *Westphalie*, 1775, *front.* — Le Nouveau Merd... ou Manuel des facétieux et bons ch... *A Merdianopolis*, *s. d.*, *fig. coloriée*, et *3 fig. ajoutées.* — L'art de Péter. *En Westphalie*, 1852, *front.* — Le Nouveau Merd... ou manuel Scatologique, par une Société de gens sans gêne. *Paris*, 1870, *front. et fig.*; *couv. ill.* — *Frère Jean* (*Vaughan*). Du Neuf et du Vieux. Contes et mélanges. Etrennes aux délicats. *Bruxelles*, 1873, *front. Tiré à 230 ex. sur hollande.* — La Rose des Vents ou Manuel du Péteur. (*Paris*), 1880, *front.* — Bibliotheca Scatologica. (Par Veinant, Jannet et Payen). *Scatopolis*, 1850, *eau-forte ajoutée; couv. ill.*

151. **Scheffer** (J.). Les Grisettes. *Lith. de Vilain.* 20 planches lithographiées et *coloriées* (N°s 3, 4, 7 à 9 et 11 à 25). — **Grandville**. Les Métamorphoses du Jour. *Paris*, *Bulla*; 18 planches lithographiées et *coloriées* (n°s 3, 7 à 9, 11, 18, 21 à 23, 26 à 28, 31, 32, 39 à 42). — Ens. en 1 vol. in-4, demi-rel. chag. rouge.

Album de 38 planches; belles épreuves *coloriées*.

152. **Sciences occultes**. 3 volumes.

Albert. Secrets merveilleux de la Magie naturelle et cabalistique du Petit Albert. *Lion*, 1729, in-12, *pl.*, veau fauve, dos orné, fil. (*Rel. anc.*) — *Aubin*. Hist. des Diables de Loudun ou de la Possession des religieuses Ursulines, et de la condamnation et supplice d'Urbain Grandier. *Amsterdam*, 1716, in-12, *front.*, veau anc. — Le Dragon rouge, ou l'art de commander les esprits célestes, aériens, terrestres, infernaux. *S. l.*, *n. d.*, in-16, *fig.*, demi-rel., *non rogné*.

153. **Sciences occultes,** Magie blanche, etc., 12 volumes.

Calmet. Traités sur les apparitions des Esprits et sur les Vampires, ou les Revenans de Hongrie, de Moravie, etc. *Paris*, 1751, 2 vol. — Histoire du Ciel, où l'on recherche l'origine de l'idolatrie, etc. (par Noël Pluche). *Paris*, 1748, 2 vol., *fig.* — *Pinetti*. Amusemens physiques, et différentes expériences divertissantes. *Paris*, 1784, *front.* — Le Nouveau Pinetti, ou Récréations de Société. *Paris, Tiger, s. d.*, in-18, *front.* — *Decremps.* La Magie Blanche dévoilée. *Paris et Liège*, 1789, 2 t. en 1 vol., *fig.* — *Collin de Plancy.* Dictionnaire critique des reliques et des images miraculeuses. *Paris*, 1821, 3 vol. — La Vérité des Miracles opérés par l'intercession de M. de Paris, démontrée contre M[r] l'Archevêque de Sens, par M. de Montgeron. *Utrecht*, 1737-1741, 2 vol. in-4, *pl. (Manque une partie d'une planche et 1 page déchirée au 1er vol.)*

154. **Les Sympathies,** ou l'art de juger, pour les traits du visage, des convenances en amour et en amitié. Par Mme de G******. Avec 32 planches. — **L'Art** de connaitre les hommes sur leurs attitudes, leurs gestes et leurs démarches; d'après Lavater. Avec 32 planches. — *Paris, Saintin*, 1813, 2 vol. in-16, *fig. coloriées*, demi-rel. chag. rouge, *non rognés.*

154 *bis.* **Tarots** fins faites par J. Jerger, fabricant carts (*sic*) à Besançon. Jeu de 75 cartes (sur 78) avec curieuses figures, édité au XVIIIe siècle.

155. **Théâtre,** Danse. 4 volumes.

Rosny (J.). L'Optique du jour ou le Foyer de la Montansier. *Paris*, an VII, in-18, *figure.* — Supplément au Roman Comique ou Mém. pour servir à la vie de Jean Monnet, ci-devant directeur de l'Opéra-Comique. *Londres*, 1773, 2 t. en 1 vol. in-8. — Le Monde dramatique. Tome III, 1836, in-8, *fig.* — Ces Dames. Portraits de Malakoff, de Zou-zou, de Risette, photographiés par P. Petit, *Paris, s. d.*, in-18, *phot.*, d.-rel., *non rogné.*

156. **Thiers** (J.-B.) Histoire des Perruques, où l'on fait voir leur origine, leur usage, leur forme, l'abus et l'irrégularité de celles des Ecclésiastiques. *Avignon*, 1777, in-12, demi-rel. veau fauve avec coins, dos orné, *non rogné.* — **Dulaure** (J.-A.). Pogonologie, ou Histoire philosophique de la Barbe. *A Constantinople et Paris*, 1786, in-12, *front.*, demi-rel. veau gris, dos orné, *non rogné.* — Ens. 2 vol.

157. **Topffer**. Histoire de Mr Jabot. *Paris, Lith. Caillet.* — Histoire de M. Cryptogame. *Paris, Imp. J. Claye.* — Le Docteur Festus. *Paris, Garnier, ff.* — Histoire de Mr Pensil, *Paris, Garnier ff.* — Ens. 4 albums in-4 oblong, cart. percal., fers spéc., tr. dor.

158. **Toussenel** (A.). L'Esprit des Bêtes. Le Monde des Oiseaux. Ornithologie passionnelle. *Paris*, 1858-1859, 3 vol. — Zoologie passionnelle. Mammifères de France. *Paris*, 1862, 1 vol. — Ens. 4 vol. in-8, demi-rel. chag. grenat, *non rognés.*

Titre et faux-titre restaurés au dernier volume.

159. **La Vie** de Benventuo Cellini, écrite par lui-même. Traduction L. Leclanché. Illustrée de 9 eaux-fortes par Laguillermie et de reproductions des œuvres du maître. *Paris, Quantin*, 1881, gr. in-8, *fig.*, broché, *couv. imp. Papier vergé.*

On a joint : *Léonard de Vinci.* Traité élémentaire de la Peinture. Avec 58 figures d'après les dessins de Le Poussin. *Paris*, 1863, in-8, *fig.*, demi-rel., *non rogné.*

160. Sous ce numéro, il sera vendu un certain nombre d'ouvrages en lots.

IMPRIMERIE
FRAZIER-SOYE
153-157, Rue Montmartre
PARIS

www.ingramcontent.com/pod-product-compliance
Ingram Content Group UK Ltd.
Pitfield, Milton Keynes, MK11 3LW, UK
UKHW021953260726
13994UKWH00004B/1708